ABERYSTWY H &
NORTH CEREDIGION

ABERYSTWYTH A
GOGLEDD CEREDIGION

ABERYSTWYTH & NORTH CEREDIGION

ABERYSTWYTH A GOGLEDD CEREDIGION

Casglywyd gan ADRAN GWASANAETHAU DIWYLLIANNOL DYFED
Collected by DYFED CULTURAL SERVICES DEPARTMENT

The History Press

Cyhoeddwyd ar y cyd â
Published in collaboration with

Adran Gwasanaethau Diwylliannol
Cultural Services Department
CYNGOR SIR
DYFED
COUNTY COUNCIL

Cyhoeddwyd gyntaf yn 1992
First published 1992

Cyhoeddwyd yr argraffiad hon yn 2009
This edition published 2009

The History Press
The Mill, Brimscombe Port
Stroud, Gloucestershire, GL5 2QG
www.thehistorypress.co.uk

Manylion catalogio y Llyfrgell Brydeinig
British Library Cataloguing in Publication Data

Dyfed Cultural Services Department
  Aberystwyth and North Ceredigion in Old Photographs
I. Title
942.961

ISBN 978 0 7524 5118 3

Typesetting and origination by The History Press
Printed in Great Britain

CYNNWYS • CONTENTS

Rhagymadrodd
Introduction   7

1. Aberystwyth   11

2. Llanbadarn Fawr, Capel Bangor, Goginan, Ponterwyd, Ystumtuen,   75
    Nant-y-moch, Pontarfynach/Devil's Bridge, Pont-rhyd-y-groes,
    Ysbyty Ystwyth

3. Clarach, Borth, Ynys-las   103

4. Bow Street, Llandre, Tal-y-bont, Taliesin, Tre'r-ddôl, Eglwys-fach,
    Glandyfi   115

5. Penrhyn-coch, Salem, Trefeurig   151

    Diolchiadau
    Acknowledgements   160

Siop gig ar gornel Stryd y Ffynnon Haearn a Ffordd y Môr, Aberystwyth.
A butcher's shop on the corner of Chalybeate Street and Terrace Road, Aberystwyth.

Sioe amaethyddol Aberystwyth tua 1900.

RHAGYMADRODD

Daeth Aberystwyth i fodolaeth yn 1277 wedi i Iorwerth I, ac yntau newydd godi castell yn y dref, ganiatáu siarter i'r gymuned a sefydlwyd gerllaw, Cymuned fechan ydoedd Aberystwyth hyd ddiwedd y ddeunawfed ganrif pan ddaeth hi'n ffasiynol i'r byddigions ymweld â 'Brighton Cymru'.

O'r 1770au ymlaen, datblygodd y diwydiant adeiladu llongau a nifer o ddiwydiannau eraill yn ei sgil. Dirywiodd y porthladd wedi dyfodiad y rheilffordd yn 1864, pryd y cysylltwyd Aberystwyth â Chanolbarth Lloegr, ac â De Cymru yn ddiweddarach.

Erbyn 1872 roedd Gwesty'r Castell wedi'i werthu a Choleg Prifysgol Cymru wedi agor ac erbyn troad y ganrif roedd Aberystwyth yn ganolfan addysgiadol bwysig, yn ogystal â bod yn ganolfan i dwristiaid ac yn dref marchnad brysur. Oddi ar yr Ail Ryfel Byd, a mwy a mwy o bobl yn teithio dramor, efallai nad yw Aberystwyth mor boblogaidd i dwristiaid ag y bu ond, yn ôl rhai, hi yw prifddinas ddiwylliannol Cymru o hyd.

Bwriad y gyfrol hon yw dwyn i gof gymaint o agweddau ar fywyd cymdeithasol Aberystwyth a Gogledd Ceredigion â phosibl: siopau, strydoedd, pobl wrth eu gwaith, digwyddiadau, adeiladau a thrafnidiaeth leol. Ceisiwyd peidio â chynnwys llawer o'r lluniau a gyhoeddwyd eisoes mewn cyfrolau cyffelyb.

Ar hyd yr arfordir i'r gogledd o Aberystwyth datblygodd Clarach, y Borth ac Ynys-las yn ganolfannau twristaidd poblogaidd. Mae gan y Borth draddodiad hir o groesawu ymwelwyr ac mae calendr cymdeithasol y pentref wedi'i gynllunio'n arbennig i apelio at y llif tymborol o dwristiaid.

Bu'r gweithfeydd mwyn yn fodd i'r ardal dyfu yn economaidd a chymdeithasol yn ystod y ddeunawfed a'r bedwaredd ganrif ar bymtheg. Codwyd nifer o gapeli, agorwyd siopau a thafarndai, sefydlwyd bandiau a chorau, a chynhaliwyd cystadlaethau rheolaidd. Wedi i'r gweithiau gau, bu gostyngiad yn y boblogaeth.

Boddwyd Nant-y-moch ar ddechrau'r 1960au fel rhan o gynllun dŵr Cwmrheidol a distrywiwyd cymdeithas gyfan.

A ninnau'n croesawu'r Eisteddfod Genedlaethol unwaith yn rhagor i Aberystwyth yn 1992 – bu yma o'r blaen yn 1865, 1916 ac 1952 – priodol yw cofio rhai beirdd a llenorion o'r cyffiniau hyn a fu'n llwyddiannus ym mhrif gystadlaethau prifwyliau'r gorffennol. Enillodd R. Bryn Williams, a fu'n archdderwydd Cymru rhwng 1973 a 1976, y gadair ddwywaith, yn 1964 a 1968. Roedd y Prifardd Llewelyn Jones, a enillodd y goron yn 1958, yn byw yn Llanbadarn Fawr a Dewi Morgan, a enillodd y gadair yn 1925 am awdl ar y testun Cantre'r Gwaelod, yn enedigol o Bow Street.

Dosbarthu medalau i blant ysgol Heol Alexandra adeg coroni Sior V ar 22 Mehefin 1911.
Distributing medals to Alexandra Road school pupils on George V's coronation, 22 June 1911.

Rhai o'r bobl a fu'n gyfrifol am godi arian yn ystod Wythnos Arfau Rhyfel, 1918 o flaen y tanc Julian yn Rhodfa'r Gogledd.
Some of the people responsible for raising money during War Weapons Week, 1918 standing in front of Julian the tank in North Parade.

INTRODUCTION

Aberystwyth was created in 1277 when Edward I, having built a new stone castle, granted a charter to the nearby settlement. It remained a small settlement until the end of the eighteenth century when it became fashionable for the gentry and nobility to visit the 'Brighton of Wales'.

Shipbuilding developed during the 1770s and, later, foundries and other ancillary industries were set up to support the needs of a growing community. The port declined with the arrival of the railway, in 1864, which linked the town with the Midlands and, later, South Wales. By 1872 the former Castle Hotel had been sold and reopened as the University College of Wales.

By the turn of the century Aberystwyth had become firmly established as a tourist resort, a market town and a centre of learning. Since the Second World War, however, and the increase in the number of people spending holidays abroad, Aberystwyth's popularity as a tourist resort has declined, but to many it remains the cultural capital of Welsh-speaking Wales.

The aim of this volume is to provide the reader with an opportunity of casting a nostalgic glance upon the various aspects of life in the area such as changing shopfronts, streets, buildings, people at work, events, and local transport. Since a number of books of old photographs of Aberystwyth and district have already been published a deliberate attempt has been made to avoid duplication.

Along the coast, north of Aberystwyth, Clarach, Borth and Ynys-las have developed as popular holiday resorts. Borth has a long tradition of organizing its social calendar around the seasonal influx of visitors.

Inland villages and communities flourished economically and socially during the eighteenth and nineteenth centuries, thanks to the lead mining industry. Chapels were built, shops and public houses were opened, bands and choirs were formed and regular competitions held. By the end of the nineteenth century the mines had closed and the population began to decline.

Nant-y-moch was drowned as part of the Cwmrheidol Hydro-electric Scheme in the early 1960s and a community was destroyed.

The National Eisteddfod comes to Aberystwyth for the fourth time in 1992 – it was previously held here in 1865, 1916 and 1952 – and it is fitting that we should honour some past national winners. R. Bryn Williams, who was the Archdruid of Wales from 1973 to 1976, won the coveted chair in 1964 and 1968, and Llewelyn Jones won the crown in 1958. Both lived at Llanbadarn Fawr. Dewi Morgan, winner of the chair in 1925 with an ode to Cantre'r Gwaelod, was a native of Bow Street.

1

ABERYSTWYTH

Rhodfa'r Gogledd tua 1905.
North Parade *c.* 1905.

Y Stryd Fawr, Aberystwyth tua 1900. Arwydd caffi Ward sydd i'w weld ar y dde.
Great Darkgate Street, Aberystwyth *c.* 1900. The sign of Ward's restaurant can be seen on the right.

Gwaelod y Stryd Fawr tua 1910. Gewlir bod y ceir cyntaf wedi cyrraedd y dref.
The lower end of Great Darkgate Street *c.* 1910. The town's first motor cars have arrived.

Siop bysgod a chig hela Saycell, T Warwick, y Stryd Fawr.
Saycell, Fishmonger and Game Dealer, Warwick House, Great Darkgate Street.

Stryd Portland tua 1900. Ar y chwith gwelir Capel Salem (MC) a agorwyd yn 1895 ac a ailenwyd yn Gapel y Morfa ar ôl yr uno â Capel Seilo yn 1989.

Portland Street *c.* 1900. On the left is Salem (CM) Chapel, opened in 1895. The chapel was renamed Morfa Chapel after its union with Seilo Chapel in 1989.

Y Stryd Newydd, a alwyd yn ddiweddarach yn Lôn y Castell, ac erbyn heddiw y Stryd Uchel. Codwyd y tai cyntaf yma yn 1785.

New Street, later Castle Lane, today High Street. Houses were first built here in 1785.

Yr Hen Goleg yn y 1930au. Adeiladwyd Gwesty'r Castell yn ystod yr 1860au. Fe'i gwerthwyd yn ddiweddarach a'i ailagor fel Coleg Prifysgol Cymru yn 1872. Y prifathro cyntaf oedd y Parchg Thomas Charles Edwards.

The Old College in the 1930s. Built as the Castle Hotel in the 1860s, it was later sold and reopened as the University College of Wales in 1872. The first principal was Revd Thomas Charles Edwards.

ABERYSTWYTH. — NORTH PARADE.

Rhodfa'r Gogledd ar ddechrau'r ganrif. Ar y chwith, gwelir Banc y National Provincial, neu'r National Westminster fel y'i gelwir yn awr, a adeiladwyd yn 1903.
North Parade at the turn of the century, showing the National Provincial Bank, or National Westminster as it is now called, which was built in 1903.

BRYN-Y-MOR DINGLE.

Heol Bryn-y-Môr tua 1918.
Bryn-y-Môr Road *c.* 1918.

Capel y Methodistiaid (W) ar waelod Stryd y Baddon. Fe'i hagorwyd ar 18 Mehefin 1870 a'i ddymchwel ddiwedd 1990. Cynhaliwyd gwasanaeth i osod carreg sylfaen y capel newydd ar 30 Ebrill 1991 ac fe'i hagorwyd yn 1992.

Aberystwyth Methodist (W) Chapel in Bath Street which opened on 18 June 1870 and was demolished at the end of 1990. The foundation stone of the new chapel, opened in 1992, was laid on 30 April 1991.

Yn 41 Ffordd y Môr yr oedd Siop Charley, gwethwr pysgod, cywion a ffrwythau.
Charley's the Fishmonger, Poulterer and Fruiterer once occupied 41 Terrace Road.

Tafarn y Swan ym Maes Iago.
Swan Inn in St James Square.

Stryd y Bont a'r cloc enwog. Adeiladwyd y twˆr, oedd yn 62 droedfedd o uchder, yn 1856. Cyflwynwyd y cloc i'r dref yn 1859 gan Syr Pryse, Gogerddan, a'r ffynnon yfed gan y Parchg John Williams. Dymchwelwyd y twˆr yn 1956. Bu'n gyrchfan poblogaidd i drigolion y dref.

Bridge Street showing Aberystwyth's famous clock standing 62 feet high and built in 1856. The clock was presented by Sir Pryse Pryse in 1859 and the drinking fountain by Revd John Williams. The tower was demolished in 1956. It was a popular landmark for the townspeople.

Golygfa sy'n ddigyfnewid ers canrif a mwy: Eglwys Sant Mihangel ar y dde, yr Hen Goleg yn y canol a'r pier a Chraiglais i'r chwith.

A view that has remained unchanged for over a century: St Michael's Church on the right, and the old College in the centre, with the pier and the Constitution Hall to the left.

Castell Plascrug. Dymchwelwyd y gweddillion yn 1967 er mwyn codi ysgol gynradd newydd.

Plascrug castle. Its remains were demolished in 1967 to provide the site for a new primary school.

Y Coleg yn 1877. Ni adeiladwyd rheilffordd Craiglais na'r pafiliwn ar y pier tan 1896.
The College in 1877. The Pier Pavilion and the Cliff Railway were not erected until 1896.

Rhes o dai a ddymchwelwyd i wneud lle i Rodfa'r Gorllewin.
A row of houses to be demolished to make way for Western Parade.

Y Porth Bach. Y tu ôl i'r rheiliau ar y dde safai tŷ teulu Bonsall – ysbyty cyntaf Aberystwyth yn ddiweddarach.
Eastgate Street. Behind the railings on the right stood the Bonsall town house, which was later to become Aberystwyth's first hospital.

Heol y Wig. Ar waelod hon saif pier enwog y dre a agorwyd Ddydd Gwener y Groglith 1865.
Pier Street. Aberystwyth's famous pier, opened on Good Friday 1865, lies at its seaward end.

Stryd y Popty tua'r 1890au. Saif Capel Bethel (B), a agorwyd ar 1 Mai 1878, ar y dde a gwelir rheiliau Capel Seion (A), a ailagorwyd fis Hydref 1889, ar y chwith. Yng nghanol y llun saif gweithdy I. and G. Lloyd.

Baker Street *c.* 1890s. Bethel (B) Chapel, opened 1 May 1878, stands on the right and the railings of Seion (I) Chapel, reopened October 1889, can be seen on the left. Straight ahead stands the workshop of I. and G. Lloyd.

Esiamplau o waith crefftus Isaac Lloyd a'i fab George, Dymchwelwyd eu gweithdy yn ddiweddarach a chodwyd Llyfrgell Carnegie Aberystwyth ar yr un safle. Gosodwyd y garreg sylfaen gan David Davies, Llandinam ym mis Gorffennaf 1905 ac agorwyd y llyfrgell yn Ebrill 1906 gan Mrs Vaughan Davies, Tan-y-bwlch. Pencadlys un o lyfrgell-oedd rhanbarthol Dyfed sydd yn yr adeilad heddiw.

Examples of the craftsmanship of Isaac Lloyd and his son George. Their workshop was later demolished and a Carnegie Library built on the site. Its foundation stone was laid by David Davies, Llandinam in July 1905. The library was opened the following April by Mrs Vaughan Davies, Tan-y-bwlch. The building now houses one of Dyfed's regional libraries.

Siop drydan A.W. Miller, 9 Heol y Wig. Yn ei ddydd roedd yn arbenigwr ar y di-wifr.
A.W. Miller's Electrical and Wireless Stores, 9 Pier Street, advertised locally as 'the wireless expert'.

Stryd y Ffynnon Haearn.
Chalybeate Street.

Siop George White.
George White's shop.

Randolph Fear, gwerthwr pysgod a ffrwythau yn Ffordd y Môr, yn cynnig mochyn yn wobr i'r milwr sy'n canu'r gân fwyaf digri.

Randolph Fear, fishmonger and fruiterer in Terrace Road, offers a pig as a prize to the soldier who sings the most comic song.

J. Jenkin Jones a C. Meehan a'i Fab, gwerthwyr glo yn Rhodfa'r Gorllewin.

J. Jenkin Jones and C. Meehan & Son, coal merchants in Western Parade.

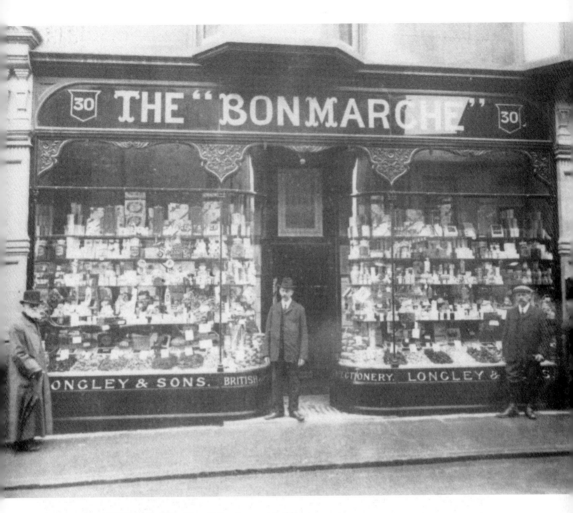

Bonmarche, 30 Ffordd y Môr, lle saif siop Lo-cost heddiw.
The Bonmarche at 30 Terrace Road where Lo-cost stands today.

John Roberts, gwerthwr tybaco, y tu allan i'w siop yn 25 Ffordd y Môr.
John Roberts, tobacconist, outside his shop at 25 Terrace Road.

Sylvan Palace ar waelod rhiw Penglais. Yn ystod yr haf, hyd 1926, fe'i defnyddid i gynnal cyngherddau.
Bu'n warws i gadw dillad yr RAF yn ystod yr Ail Ryfel Byd. Mae'r adeilad wedi'i ddymchwel erbyn
hyn a thai wedi'u codi yn ei le.
Sylvan Palace at the bottom of Penglais Hill. Summer concert parties were held here until
1926. During the Second World War it was used as an RAF clothing store. The building has
since been demolished and houses built in its place.

Certi a cheffylau siop pobydd Owen (D.W. Teviotdale), Rhodfa'r Gogledd. Sefydlwyd y busnes yn 1815 a daeth i ben yn ystod y 1960au.

The horse-drawn carts of Owen the Bakers (D.W. Teviotdale) all set to deliver bread. The business was founded in 1815 and came to an end during the 1960s.

Siop R. Fear, drws nesaf i'r Coliseum,
yn barod ar gyfer y Nadolig.
Christmas poultry at R. Fear's shop,
next door to the Coliseum.

Siôn Corn y tu allan i westy'r Lion Royal.
Father Christmas outside the Lion Royal Hotel.

Siop U. Davies ar gornel Heol Alexandra a Ffordd y Môr. Drws nesaf mar Alexandra Stores.
U. Davies's shop on the corner of Alexandra Road and Terrace Road. Next door is Alexandra Stores.

Siop dybaco Boote ar yr un safle â'r uchod, 24 Ebrill 1930. Drws nesaf saif swyddfa J. Potts a'i Fab, porthor y dref.
Boote's tobacconist on the same site as the above, 24 April 1930. Next door stands the office of J. Potts and Son, the town porter.

Côr Eisteddfod Genedlaethol Aberystwyth 1916. Yr arweinydd oedd J.T. Rees, Bow Street, a'r cyfeilydd Charles Clements. Ffurfiwyd y côr yn Ionawr 1914. Edwin Jones, Cae'r-gog oedd y cadeirydd, a T. Williams, Minafon a Clayton Thomas yr ysgrifenyddion. Ymunodd 300 â'r côr gwreiddiol ond oherwydd y Rhyfel gohiriwyd yr Eisteddfod a gwasdarodd y côr. Fe'i hailffurfiwyd, gyda 120 o aelodau, ym mis Chwefror 1816 ar gyfer yr Eisteddfod oedd i'w chynnal ym mis Awst y flwyddyn honno. Oherwydd galwadau'r rhyfel, doedd dim llawer o ddynion ar gael yn y côr.

The 1916 National Eisteddfod Choir. The Conductor was J.T. Rees, Bow Street, and the accompanist Charles Clements. The choir was formed in January 1914. The chairman was Edwin Jones, Cae'r-agog, and the joint secretaries T. Williams, Minafon and Clayton Thomas. Three hundred members enrolled but due to the outbreak of war the Eisteddfod was postponed and the choir disbanded. It was reformed, with 120 members, in February 1916 to perform at the Eisteddfod to be held in August of that year. There was a shortage of male singers as so many men had enlisted.

Cyhoeddi Eisteddfod Genedlaethol Aberystwyth yn 1915. Gwelir Dyfed yr Archdderwydd ar y Maen Llog ar dir y castell.
The Archdruid Dyfed proclaiming the National Eisteddfod at Aberystwyth in 1915 from the Gorsedd circle situated on the castle grounds.

Cyhoeddi Eisteddfod Genedlaethol 1952 yn Aberystwyth ar 20 Mehefin 1951. Cynan yw'r Archdderwydd.
The Archdruid Cynan proclaiming the 1952 National Eisteddfod at Aberystwyth on 20 June 1951.

Côr Plant Rheidol, enillwyr yn Eisteddfod Genedlaethol Caerfyrddin 1911, a'u harweinydd Miss Nesta Morgan.
Rheidol Juvenile Choir, winners at the 1911 National Eisteddfod at Carmarthen, with their conductor Miss Nesta Morgan.

Cyngerdd Côr Plant Cymdeithas Gydweithredol Aberystwyth a'r Cylch, 19 Chwefror 1926. Yr arweinydd oedd W.O. Williams a'r cyfeilydd Robert A. Smith.
Aberystwyth and District Co-operative Society Children's Choir Concert, 19 February 1926. The conductor was W.O. Williams and the accompanist Robert A. Smith.

Côr Plant Aberystwyth ar risiau Capel Seilo (MC). John Owen oedd yr arweinydd a'r cyfeilydd oedd Mr Morgan. Daeth y côr yn drydydd yn Eisteddfod Genedlaethol 1917.
Aberystwyth Juvenile Choir on the steps of Seilo (CM) Chapel. The conductor was John Owen and the accompanist Mr Morgan. The choir came third at the 1917 National Eisteddfod.

Cwmni Drama Siloam, Aberystwyth, 1932.
Siloam Drama Company, 1932.
Yn sefyll/Standing: Ernest Price, Eluned Lewis, Eiriog Davies, R.T. Edwards, Jos Edwards, Dafydd Morris Jones (*y crwt bach*/little boy). *Yn eistedd*/Seated: T.H. Davies, Sian Williams, W.O. Williams, Nellie Edwards, Edgar Jones

Capel Methodistaidd (W) Sant Paul, a agorwyd ar 20 Mehefin 1880.
St Paul's Methodist (W) Chapel, opened on 20 June 1880.

Adeiladu Capel Seion (A) yn Stryd y Popty. Dymchwelwyd pedwar tŷ i wneud lle i'r capel newydd a agorwyd ar 1 Mai 1878. Yr adeiladwr oedd Thomas Jones, Dole.
Building Seion (I) Chapel in Baker Street. Four houses were demolished to provide a site for the new chapel, which was to be opened on 1 May 1878. It was built by Thomas Jones, Dole.

Tyrfa o flaen Capel Seilo (MC) yn croesawu'r Cadfridog Booth, Byddin yr Iachawdwriaeth, i'r dref yn 1907. Yn y cefndir, ar y dde, saif swyddfa Daniel yr ocsiwnier.

A crowd outside Seilo (CM) Chapel in 1907 welcoming General Booth of the Salvation Army. In the background, to the right, can be seen Daniel the auctioneer's office.

Brigâd y Bechgyn, 1909, gyda'u swyddog Sgt-Major F.R. Bowyer (yn gwisgo'i fedalau), yng Nghoedlan y Parc.
Boys' Brigade, Aberystwyth, 1909, with their commanding officer Sgt-Major F.R. Bowyer (with medals) in Park Avenue.

Sgowtiaid Cyntaf Aberystwyth yn eu gwersyll yng Ngogerddan, 1919.
Scouts, First Aberystwyth. Gogerddan camp, 1919.

Tim pêl-droed yr Urdd dan 18 oed, 29 Ebrill 1935.
The Welsh League of Youth under-18 football team, 29 April 1935.
Yn y cefn/Back row: Alfie S. Davies, Tommy Nepaulin Jones, ? Roberts, ? Slater, George Garner, R. Jenkins,
G. Hopkins. *Rhes flaen*/Front row: G. Homfreys, W. Griffiths, B. Bowen, D. Lewis.

Tîm Pêl-droed Penparcau, enillwyr cwpan, 1910/11.
Penparcau football team and cup winners, 1910/11,

Tîm Pêl-droed Aberystwyth. Pencampwyr Adran Sir Drefaldwyn, 25 Ebrill 1905.
Aberystwyth football team, 25 April 1905.
Yn y cefn/Back row: E. Santall, Mansel Jenkins, Ernie Peake, Tudor Jones, Claude White, B. Brotherton, Bob Peake, David Williams, J. Griffiths (*Ysg.*/Sec.). *Rhes flaen*/Front row: Jack Garner, Ivor Evans, Austin Jenkins, Oswald Green (Capt.), Hugh W. Stephenson, George Evans, Willie Bevan, Capt. Edward Llewellin (Trys./Treas.).

Cornel Stryd y Ffynnon Haearn a Rhodfa'r Gogledd. Ar y mur mae poster yn hysbysebu Gêm y Tymor rhwng Aberystwyth a West Bromwich Albion. 8–2 i WBA oedd sgôr y gêm a chwaraewyd yn Ionawr 1895, sef y tymor yr ymddangosodd WBA yn rownd derfynol cyntaf Cwpan y Gymdeithas Bêl-droed yn Crystal Palace. Fe'u gwahoddwyd yn ôl eto yn 1896 a gwelodd y dorf o fil o bobl Aberystwyth yn colli o 10 gôl i 1!

The corner of Chalybeate Street and North Parade. On the wall is a poster advertising the Match of the Season between Aberystwyth and West Bromwich Albion. The score was 8–2 to WBA in January 1895, the season WBA appeared in the first FA Cup Final at Crystal Palace. They were invited back again in 1896, when the thousand spectators saw Aberystwyth go down 10–1!

Tîm hoci Ysgol Sir Aberystwyth, 19019/10.
Aberystwyth County School hockey team, 1909/10.

Cyflwyno'r cwpanau a'r gwobrau yng Nghlwb Bowlio Aberystwyth, 1936.
Presenting the cups and prizes at Aberystwyth Bowling Club, 1936.

Tim criced Ysgol Ramadeg Aberystwyth, 1909.
Aberystwyth Grammar School cricket team, 1909.

Tyrfaoedd yn mwynhau rasys mulod ar hyd y Prom.
Crowds enjoying the annual donkey derby on the Prom.

Roedd dros 500 o bobl yn bresennol ar achlysur cwrs golff Aberystwyth gan y Ffrancwr George Duncan ar 20 Mai 1914.
Over 500 spectators attended the opening of the Aberystwyth golf links by the Frenchman George Duncan on 20 May 1914.

Neuadd y Brenin, newydd ei chwblhau ar safle Gwesty'r Waterloo Hydro, 23 Mehefin 1934.
The newly completed King's Hall, built on the site of the Waterloo Hydro, 23 June 1934.

Pierrots Will Morris a fu'n difyrru pobl ar y promenâd yn y dauddegau, 1924.
Will Morris Pierrots, who provided entertainment on the promenade in the 1920s, 1924.

Golygfeydd o'r Pasiant Heddwch a berfformiwyd ar dir y castell ar 8 Mai 1935. Ysgrifennwyd y sgript gan Dr George H. Green.
Scenes from the Peace Pageant performed on the castle grounds on 8 may 1935. The script writer was Dr George H. Green.

Agoriad swyddogol Wythnos Siopa 1931 ar 15 Mehefin gan Arglwydd Faer Birmingham, Walter Willis Saunders. Maer Aberystwyth oedd Griffith Ellis a chlerc y dref T.J. Samuel. Y Frenhines Fai oedd Lilian Phillips.

The official opening of the 1931 Shopping Week on 15 June by the Lord Mayor of Birmingham, Walter Willis Saunders. The Mayor of Aberystwyth was Griffith Ellis and the town clerk T.J. Samuel. The May Queen was Lilian Phillips.

Paratoadau yn Ffordd y Môr ar gyfer ymweliad y Brenin Siôr V a'r Frenhines Mary i osod carreg sylfaen Llyfrgell Genedlaethol Cymru ar 15 Gorffennaf 1911.

Preparations in Terrace Road for the visit of King George V and Queen Mary to lay the foundation stone of the National Library of Wales on 15 July 1911.

Ymweliad y Brenin Siôr VI a'r Dywysoges Elizabeth i agor estyniad i'r Llyfrgell Genedlaethol ar 16 Gorffennaf 1937.
The visit of King George VI and Princess Elizabeth to open an extension to the National Library of Wales on 16 July 1937.

Y promenâd tua'r 1880au. Gwelir y gwerthwyr pysgod ar y dde. Yn y cefndir gwelir Tŷ Baddon Dr Rice Williams a adeiladwyd, mae'n debyg, ar y safle a adnabyddid wrth yr enw Penbryndioddef, a hynny oherwydd y crocbren a fu yno ar un adeg. Dymchwelwyd yr adeilad yn 1892.

The promenade *c.* 1880s. The fish sellers' handcarts can be seen on the right. In the background stands the Bath House built by Dr Rice Williams, supposedly on the site of an early gallows, known as Penbryndioddef (the Hill of Suffering). The Bath House was demolished in 1892.

Gwesty'r Castell – Coleg Prifysgol Cymru yn ddiweddarach – cyn i'r estyniad i'r Prom gael ei adeiladu.
Castle Hotel, later the University College of Wales, before the extension to the promenade was built.

Gwasanaeth coffa i W.E. Gladstone (1809–98).
A memorial service held at the death of W.E. Gladstone (1809–98).

Bant â ni i Bontarfynach mewn cerbyd o Stablau Phillips.
Off to Devil's Bridge in a brake from Phillips Stables.

Un o fysys cyntaf yr ardal.
One of the first buses to reach Aberystwyth.

Modurdy Gwalia, Rhodfa'r Gogledd. Safle presennol y Ganolfan Chwaraeon.
Gwalia Garage, North Parade. The present site of the Canolfan Chwaraeon sports shop.

Trên 8.20 o Groesowallt i Aberystwyth yn mynd heibio i groesffordd Llanbadarn ar 8 Awst 1952. Locomotif 'Manor' rhif 7822.

The 8.20 train from Oswestry to Aberystwyth passing the Llanbadarn Crossing Box on 8 August 1952. It was a 'Manor' class locomotive No. 7822.

'Polly', stimroler T.H. Savage, 1924.

T.H. Savage's steamroller, known affectionately as 'Polly'.

T.E. Nicholas, bardd, gweinidog, comiwyndd a deitnydd, ar ei fotobeic (yn y canol).
T.E. Nicholas, poet, preacher, communist and dentist, on his motor cycle (centre).

Y ddau lun yn dangos y trên bach yn gadael Aberystwyth am Bontarfynach. Agorwyd Lein Fach y Rheidol yn 1902.

Both photographs show the Vale of Rheidol train leaving Aberystwyth for Devil's Bridge. The Vale of Rheidol Light Railway was opened in 1902.

D. Jenkins, Laethdy Aberllolwyn.
D. Jenkins, Aberllolwyn Dairy.

Y dynion a fu'n adeiladu'r Jeti Carreg yn 1930. Syrfewr y dref oedd Llewellyn Jones.
Men employed on the construction of the Stone Jetty in 1930. The borough surveyor was Llewellyn Jones.

Gweithwyr yn cymryd hoe yn ystod adeiladu'r Jeti Carreg gwreiddiol. Y tu ôl iddynt mae craen ager.
Workers taking a rest from building the original Stone Jetty. Behind them is a steam-powered crane.

Prentisiaid y Central Ffowndri a agorwyd yn 1874. Williams a Metcalfe oedd y perchenogion. Tynnwyd y llun ddydd Llun 18 Tachwedd 1912.

Apprentices of the Central Foundry which began operating in 1874. This photograph was taken on Monday 18 November 1912.

Stordy Rea, y tu ôl i'r White Horse ar waelod Stryd y Gorfforaeth. M. Griffiths sy'n sefyll nesaf at ben y ceffyl.

Rea's Stores, at the bottom of Corporation Street behind the White Horse Hotel. The man standing by the horse's head is M. Griffiths.

Estyniad i'r promenâd tua 1905.
New promenade extension *c*. 1905.

Y Ro Fawr.
South Marine Terrace.

Ar y traeth yn Aberystwyth mewn bowler a pharasôl, 1900.
On the beach at Aberystwyth wearing a bowler and parasol, 1900.

Rhes o gerbydau o flaen y Deva, pob un â'i enw ar y ffrynt – Furious, Victory, Hawk *a* Lion.
A row of charabancs – *Furious, Victory, Hawk* and *Lion* – in front of the Deva.

ystwyth, Parade and Waterloo Hotel.

Promenâd Aberystwyth a Gwesty'r Waterloo. Llosgwyd y gwesty'n ulw yn oriau mân bore Mawrth 26 Awst 1919. Adeiladwyd Neuadd y Brenin ar y safle yn 1934 a dymchwelwyd honno yn ei thro yn 1989.

The promenade and the temperance Waterloo Hotel, which was burnt to the ground in the early hours of Tuesday 26 August 1919. The King's Hall – built on the site and opened in 1934 – was demolished in 1989.

Y promenâd tua 1890. Yn y pellter mae Tŷ Baddon Dr Rice Williams.
The promenade *c.* 1890. In the distance is the Bath House built by Dr Rice Williams.

Cychod hwylio ym Mae Ceredigion.
Yachts in Cardigan Bay.

Cwch pleser y Mauretania *gyda'r llywiwr David Williams, Harry Davies, a Mrs Jones yr wylan!*
The *Mauretania* with David Williams, the coxswain, Harry Davies, and Mrs Jones the seagull!

Cwch pleser y Pride of the Midlands *a adeiladwyd yn 1925. Tri brawd, Ben, G.S. a William White, oedd y perchenogion.*
Pride of the Midlands, owned by the three brothers, Ben, G.S. and William White.

Harbwr Aberystwyth tua 1905. Y Countess of Lisburne *yw'r llong ager ar ochr y cei. Fe'i gwerthwyd yn 1908.*

Aberystwyth harbour *c.* 1905. The *Countess of Lisburne* is the steamship on the quay side. It was sold in 1908.

Siop tseina McIlquham's ar gornel Stryd y Bont a'r hen Shipbuilders Row.

McIlquham's china shop on the corner of Bridge Street and the old Shipbuilders Row.

Effeithiau'r storm a barodd o 4.30 fore Sadwrn 15 Ionawr 1938 hyd ganol dydd y dydd Mercher canlynol. Chwythodd y gwynt hyd at 90 milltir yr awr a chododd y môr i uchder o 29 troedfedd. Dymchwelwyd y Prom i'r gogledd o Westy'r Marine gan achosi difrod gwerth £60,000.

The effects of the violent storm which lasted from 4.30 a.m. Saturday 15 January 1938 until midday the following Wednesday. Winds reached 90 m.p.h. and the sea rose to the height of 29 feet. Much of the Prom to the north of the Marine Hotel was destroyed causing damage worth £60,000.

Neuadd y Coleg, Morfa Mawr, adeg cynhadledd Undeb Cenedlaethol yr Athrawon yn 1933. Codwyd yr adeilad pren yn 1922 am £8000 ac fe'i dinistriwyd gan dân ar 13 Awst 1933. Dengys y lluniau gyferbyn effaith y tân.

College Hall, Queen's Road, during the 1933 NUT conference. The large wooden building was built in 1922 for £8000 and destroyed by fire on 13 August 1933. The effects can be seen in the photographs opposite.

RUINS OF COLLEGE HALL FIRE 1933

Cefnogwyr yr ymgeisydd llwyddiannus Capten Ernest Evans y tu allan i Avondale adeg is-etholiad Chwefror 1921.
Supporters of Captain Ernest Evans, the winning candidate in the February 1921 by-election, on the promenade outside Avondale House.

Gorymdaith eglwysig, a gynhaliwyd yn 1913 o dan arweiniad Esgob Tyddewi fel protest yn erbyn datgysylltu'r Eglwys, yn mynd heibio i Stryd Dan Dre. Mae Gwesty'r Commercial yn y cefndir.

A church procession, held in 1913 and led by the Bishop of St David's as a protest against the disestablishment of the Church, passing through Mill Street. The Commercial Hotel is in the background.

D. Williams a'i Fab, cyfrwywyr, Trefechan.

D. Williams and Son, saddlers, Trefechan.

Cwmni drama Penparcau a'r cylch yn perfformio Y Prawf *yn 1922.*
Penparcau drama group performing *Y Prawf* in 1922.
Rhes flaen/Front row: Gwendoline Thomas, Lizzie Davies, R.H. Phillips, D.G. Harnaman, T. Llew
Thomas, Blodwen Phillips. *Ail res*/Second row: M.L. Edwards, J.D. Hughes, James Scott, Evan
J. Thomas, Stanley Vaughan, Humphrey Thomas, Thomas Humphreys. *Rhes gefn*/Back row:
Richard Jones, David Scott, Thomas G. Thomas.

Agor Neuadd Goffa Penparcau, 10 Hydref 1928.
The opening of the Memorial Hall, Penparcau, 10 October 1928.

2

Llanbadan Fawr, Capel Bangor, Goginan, Ponterwyd, Ystumtuen, Nant-y-moch, Pontarfynach/ Devil's Bridge, Pont-rhyd-y-groes, Ysbyty Ystwyth

Llanbadarn Fawr tua 1880, yn dangos yr eglwys, a thafarn y Llew Du sy'n dyddio o'r ail ganrif ar bymtheg.
Llanbadarn Fawr c. 1880, showing the church and the Black Lion, which dates from the seventeenth century.

Tai to gwellt ar y ffordd i Llanbadarn.
Thatched cottages on the Llanbadarn road.

Tai to gwellt ger llythyrdy presennol Llangawsai, tua 1905.
Thatched cottages near the present-day Llangawsai post office, *c.* 1905.

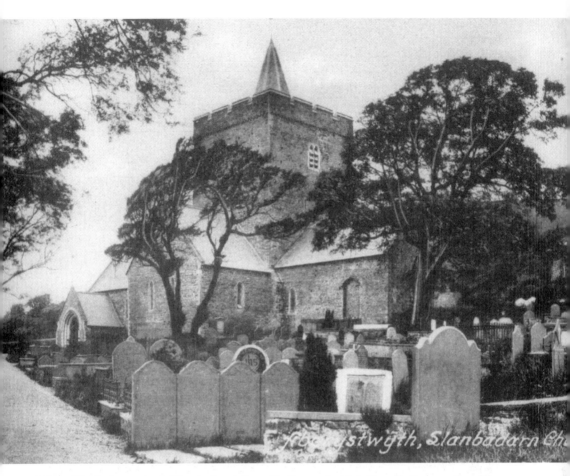

Eglwys Llanbadarn sy'n dyddio o'r Canol Oesoedd. Yma y bu Dafydd ap Gwilym yn llygadu'r merched:
Ni bu Sul yn Llanbadarn
Na bewn, ac eraill a'i barn,
A'm wyneb at y ferch goeth
A'm gwegil at Dduw gwiwgoeth.
(Merched Llanbadarn)

Llanbadarn Church which dates from the Middle Ages. Dafydd ap Gwilym eyed the ladies here:
Never was Sunday that passed by
But in Llanbadarn church was I,
My looks for the ladies, signalling love,
And the nape of my neck for God above.
(*The Ladies of Llanbadarn*)

Yr hen bont yn Llanbadarn.
The old bridge at Llanbadarn.

Pwllhobi.

78

Tafarn y Llew Du, Llanbadarn Fawr, Dadorchuddiwyd y gofeb ryfel ar 8 Ionawr 1921 gan Lt-Cyrnol Lewis Pugh Evans VC, DSO, CMG.

The Black Lion, Llanbadarn Fawr. The war memorial was unveiled on 8 January 1921 by Lt-Col Lewis Pugh Evans VC, DSO, CMG.

Prysurdeb ar sgwâr Llanbadarn Fawr.

Heavy traffic in Llanbadarn Square.

T. Powell a'i gwmni, pobydd.
T. Powell and company, baker.

Teulu William Jenkins, gwerthwyr glo yn Llanbadarn Fawr.
William Jenkins and family, coal merchants.

Gwaith dŵr y brodyr Hopkins.
Hopkins Brothers' Mineral Water Works.

Sgwâr Llanbadarn Fawr tua 1900. Gwerthwr llaeth sydd ar y dde.
Llanbadarn Fawr square *c.* 1900. On the left is the local milkman.

Tîm pêl-droed Padarn 1912/13.
Padarn football club 1912/13.

Tîm pêl-droed Llanbadarn Fawr.
Llanbadarn Fawr football team.

Stryd y Capel, Llanbadarn Fawr.
Chapel Street, Llanbadarn Fawr.

R. Bryn Williams (1902–81), bardd, llenor, dramodydd a hanesydd y Wladfa, a enillodd y gadair yn Eisteddfod Genedlaethol Abertawe yn 1964 (Patagonia) ac eto yn y Barri yn 1968 (Awn Foliant i'r Morwr). Bu hefyd yn Archdderwydd rhwng 1973 a 1976.

R Bryn Williams (1902–81), poet, literateur, dramatist and historian of the Welsh colony in Patagonia. He won the chair at the National Eisteddfod in Swansea in 1964 (*Patagonia*) and again in Barry in 1968 (*An Ode in Praise of the Seaman*). He was also the Archdruid from 1973 and 1976.

Llewelyn Jones, a enillod y goron yn Eisteddfod Genedlaethol Glyn Ebwy yn 1958 (Cymod).

Llewelyn Jones, who won the crown at the Ebbw Vale National Eisteddfod in 1958 (*Reconciliation*).

Tafarn y Gogerddan, Llanbadarn Fawr.
Gogerddan Arms, Llanbadarn Fawr.

Y llythyrdy, Capel Bangor.
Capel Bangor post office.

Eglwys Capel Bangor tua 1920.
Capel Bangor Church, *c.* 1920.

Dadorchuddio cerflun Dr Lewis Edwards (1809–87) ym Mhen-llwyn, 27 Hydref 1911 ar achlysur canmlwyddiant ordinhad y Presbyteriaid cyntaf yn y Bala. Yr Athro John Rhŷs oedd llywydd y cyfarfod a dadorchuddiwyd y gofeb gan ferch Dr Edwards, Mrs Dickens Lewis. Roedd dau arall o'i blant yn bresennol, sef Mrs W.R. Evans, Rhuthan a'r Parchg D. Charles Edwards.

The unveiling of a bust of Dr Lewis Edwards (1809–87) at Penllwyn, 27 October 1911 on the centenary of the ordination of the first Presbyterians in Bala. The proceedings were presided over by Principal John Rhŷs and the bust unveiled by Dr Edwards' daughter, Mrs Dickens Lewis. Mrs W.R. Evans, Rhuthan, another daughter, and his son, Revd D. Charles Edwards were also present.

Cymdeithas Lenyddol Pen-llwyn, 1910–11.
Pen-llwyn Literary Society, 1910–11.
Rhes gefn/Back row: William Francis James, Lizzie Humphreys, Blaengeufford, Tom Griffiths, Penlanolau, Myfanwy Mordecai, Dolcniw, Ben Vaughan, Tŷ Capel, –?–, Glanrheidol. *Trydedd res*/Third row: Morgan Owen, Pwllcenawon, Lizzie Jones, Tangeulan, David Owen, Cwmceulan, Gladys Jones, Sgoldy, Annie Edwards, Ty'n ffordd, Annie Own, Cwmceulan, Blodwen Jones, Rheidol House, –?–, Broncastellan, Marged Lizzie Owen, Cwmceulan, David John Edwards, Gwar-rheidol, Elizabeth Griffiths, Penlanolau, Lizzie Stanton, Glyn Melindwr. *Ail res*/Second row: Mabel Evans, Brynawel, Blodwen James, Pwllcenawon, Mary Lizzie Rees, Ty'nllidiart, Mary Elen Parry, Troedrhiwlwba, Mrs Owen, *Llythyrdy*/Post Office, Laura Vaughan, Brynhyfryd, William Jones, Alltygwreiddyn Uchaf, Getta Williams, Tangeulan, Jennie ?, Fron, Anne Jane Edwards, Gwarrheidol, Kate Griffiths, Penlanolau, Gladys Maud Vaughan, Rhiwarthen Isaf. *Rhes flaen*/Front row: John Edwards, Fron, Mary James, Fronhaul, Dick Lewis, *Llythyrdy*/Post Office, Getta Jones, Dolypandy, Tom James, Maesbangor, Jenny Jones, Minafon, Abraham Pierce, Fronheulog, Miriam Vaughan, Brynhyfryd, David Owen Morris, Pandy, Gladys Adams, Laburnums, Edwin Vaughan, Rhiwarthen Isaf, Lizzie Blackwell, Gwarcwm, Jimmy Rees, Ty'nllidiart. *Yn penlinio*/Kneeling: Lizzie Williams, –?–.

Y tu allan i Gapel y Dyffryn (MC), Goginan.
Outside Dyffryn (CM) Chapel, Goginan.

Ar y chwith/On the left: *Parchg*/Revd D. ap Morgan (Jezreel), *Parchg*/Revd D. Iorwerth Edwards (MC). *Ar y dde*/On the right: Mr D. Herbert (*prifathro*/headmaster), Miss L. Williams (*athrawes*/teacher). *Ymhlith y plant*/Amongst the children: Islwyn Owen, Goronwy Owen, Gwyn Thomas, Hedd Jones, Gwyn Evans, Jim Jones, Valmai Knight (Evans), Meurig Howells.

Merched Goginan/Goginan Ladies.
Rhes flaen/Front row: L. Williams, S. Howells, M.A. Richards, S. Davies, M. Evans, M. Williams, M.E. Williams, E. Davies, M. Evans & Valmai, C. Jones & Hedd. *Ail res*/ Second row: M. Jones, L. Richards, M. Thomas, L. Williams, ? Richards, E. Herbert, ? Pugh, ? Rees, E. Williams. *Rhes gefn*/Back row: L. Lewis, M. James, ? Roberts.

Y llythyrdy, Goginan. Mae'r adeiladu wedi'u dymchwel erbyn hyn.
Goginan post office. The buildings have since been demolished.

Côr Unedig Rheidol ar ôl ennill gwobr yn Eisteddfod Goginan ddydd Gwener y Groglith 1914.
Rheidol United Choir, prize winners at Goginan Eisteddfod on Good Friday 1914.

Ar y chwith saif Capel Methodistaidd (W) Ystumtuen, sy'n dyddio o 1827. Ar y dde saif yr ysgol a agorwyd ar 24 Ionawr 1876 ac a gaewyd ar 31 Gorffennaf 1957.
On the left stands Ystumtuen Methodist (W) Chapel dating from 1827. On the right is the school, which was opened on 24 January 1876 and closed on 31 July 1957.

Ponterwyd a'r hen bont sy'n dal i sefyll.
Ponterwyd, showing the old arch bridge which still stands.

Capel Blaenrheidol a sefydlwyd yn 1865. Nifer yr aelodau yn 1875 oedd 18. Datgorfforwyd yr eglwys ar 7 Mehefin 1961 cyn boddi'r cwm o dan gynllun trydan-dŵr Cwm Rheidol.
Blaenrheidol chapel was established in 1865 and dissolved on 7 June 1961 before the valley was drowned as part of the Rheidol Hydro-electric Scheme. Its membership in 1875 was 18.

Adeiladu cronfa Nant-y-moch tua 1957. Fe'i hagorwyd yn 1964.
The building of Nant-y-moch dam *c.* 1957. It was opened in 1964.

Tŷ'r ddau frawd John a Jim James cyn i'r cwm gael ei foddi.
John and Jim James's house before the drowning of the valley.

Rheilffordd Dyffryn Rheidol tua 1903, a'r Prince of Wales yn araf ymdroelli heibio i dro'r Dderwen ar ei daith i Bontarfynach.
Vale of Rheidol Railway *c.* 1903, and the Prince of Wales slowly winding its way round the Derwen curve en route to Pontarfynach,

Y llythyrdy, Pontarfynach.
Devil's Bridge post office.

Y Teras, Pontarfynach. Ar y dde saif Gwesty'r Hafod a adeiladwyd tua 1840 gan Dug Newcastle, olynydd Thomas Johnes ym mhlas Hafod gerllaw.
The Terrace, Devil's Bridge. On the right stands the Hafod Arms built *c.* 1840 by the Duke of Newcastle, Thomas Johnes' successor at nearby Hafod mansion.

Y tea-rooms ym Mhontarfynach.
The tea-rooms at Devil's Bridge.

Disgyblion ysgol Pontarfynach.
Pontarfynach school pupils.

Y tair pont ym Mhontarfynach. Adeiladwyd y gyntaf gan
fynachod Ystrad-fflur, yr ail yn 1753 a'r olaf yn 1901.
The three bridges of Devil's Bridge. The first was built
by the monks of Strata Florida, the second in 1753
and the top-most bridge in 1901.

Y gymdogaeth yn helpu'i gilydd ar adeg cneifio yng Nghwmystwyth.
A hard day's work sheepshearing at Cwmystwyth.

Pont-rhyd-y-groes. Ar y chwith saif tafarn y Miners Arms, enw sy'n arwydd o natur economi'r ardal ar un adeg.

Pont-rhyd-y-groes. On the left stands the Miners Arms, its name indicative of the role of lead mining in the economy of the area at one time.

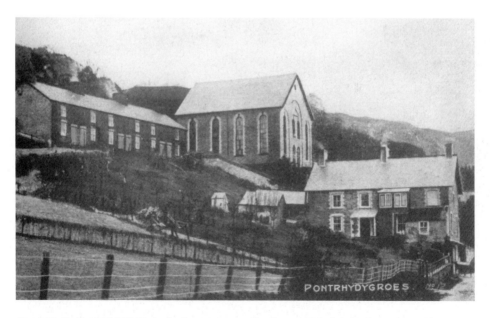

Capel Methodistaidd (W) Pont-rhyd-y-groes, a godwyd yn 1874. Enw'r rhes tai ar y chwith yw Wesley Terrace.

Pont-rhyd-y-groes Methodist (W) Chapel, which was built in 1874 and after which the row of cottages nearby was named..

Gwibdaith Ysgol Sul Seilo (MC), Aberystwyth ym Mhont-rhyd-y-groes, 11 Mehefin 1913.
Seilo (MC) Chapel, Aberystwyth, Sunday School trip at Pont-rhyd-y-groes, 11 June 1913.

Ysbyty Ystwyth.

3

CLARACH, Y BORTH, YNYS-LAS

Y Groes, Clarach tua 1903. Dymchwelwyd y bwthyn ar y dde er mwyn ehangu'r ffordd.
The Cross, Clarach *c.* 1903. The cottage on the right was demolished in order to widen the road.

Clarach, 1938.

Clarach.

Pentref Llangorwen.
Llangorwen village.

Ceffyl yn tynnu rhaca ar fferm Rhydmeirionydd.
Horse-drawn field rake on Rhydmeirionydd farm.

Borth Uchaf tua 1914.
Upper Borth *c.* 1914.

Stryd Fawr y Borth.
High Street, Borth.

Stryd Fawr y Borth tua 1936.
Borth High Street *c.* 1936.

Rhodfa'r De, y Borth.
South Parade, Borth.

Ymladd â gobennydd yng Ngharnifal y Borth.
Pillow fight at Borth Carnival.

Yr hen amddiffynfedd môr a Gwesty'r Grand yn y cefndir.
The old sea defences with the Grand Hotel in the background.

Carnifal y Borth.
Borth Carnival.

Gwesty'r Grand a adeiladwyd yn 1864. Yn ddiweddarach fe'i prynwyd gan yr Urdd i'w redeg fel canolfan wyliau a chynadleddau, wrth yr enw Pantyfedwen. Bu hefyd yn neuadd breswyl i fyfyrwyr Coleg Llyfrgellwyr Cymru. Fe'i dymchwelwyd yn 1979.

Grand Hotel, built in 1864. It was sold to the Welsh League of Youth and used as a conference centre, under its new name of Pantyfedwen. It then became a hall of residence for the students of the College of Librarianship Wales. It was then demolished in 1979.

Parti Cyngerdd y Borth, 1920. Fe'i ffurfiwyd i gymryd rhan yn y carnifal blynyddol a gynhelir ym mis Awst.
Borth Concert Party 1920, formed to take part in the annual carnival held in August.

Dosbarth Ysgol Sul Libanus (MC).
Libanus (CM) Chapel Sunday School.
Rhes gefn/Back row: Dolly Jones and Muriel Davies, Gloucester House, Mary Aldyth Griffiths, Glandon, –?–, Ieuan Griffiths. *Rhes flaen*/Front row: ? Lloyd, Gwen Lloyd, ? Williams (*mab y ffotograffydd*/photographer's son), Eirlys Williams, ? Williams, –?–.

Parchg a Mrs J.C. Evans, Capel Libanus (MC) y tu allan i Trem-y-don. Ar y dde saif Annie Bertha James.
Revd and Mrs J.C. Evans, Libanus (CM) Chapel outside Trem-y-don. On the right stands Annie Bertha James.

Pobl yn casglu cerrig ar y traeth ar gyfer estyn y Prom o safle'r bad achub presennol i gyfeiriad Borth Uchaf, 1920.
People collecting stones on the beach in order to extend the Prom from the present day lifeboat house towards Upper Borth, 1920.

Golygfeydd o Ynys-las.
Scenes of Ynys-las.

Gorsaf reilffordd Ynys-las.
Ynys-las railway station.

4

BOW STREET, LLANDRE, TAL-Y-BONT, TALIESIN, TRE'R-DDÔL, EGLWYSFACH, GLANDYFI

Bythynnod ar hyd y ffordd fawr trwy Bow Street.
Cottages along the main road through Bow Street.

Pen-rhiw, Bow Street. Nyrs Rees, merch J.T. Rees sydd â'r beic.
Pen-rhiw, Bow Street. The person with the bicycle is Nurse Rees, J.T. Rees's daughter.

Neuadd Rhydypennau ar y chwith. Fe'i codwyd yn 1920 yn gwt i'r YMCA a'i ailadeiladu gan wirfoddolwyr yn 1950.
Rhydypennau Hall on the left. It was built in 1920 as a YMCA hut and rebuilt by volunteers in 1950.

Grŵp o blant Nantafallen tua 1900. Yn ôl yr awdur lleol Tom Macdonald (1900–1980): 'Bychain oedd y bythynnod. Nid oedd drysau cefn ar un ohonynt. Roedd nifer ohonynt â tylcau moch a bacwn yn crogi o nenfwd y gegin. Nid oedd baddonau hyd yn oed yn y tai mawr.'

A group of Nantafallen children *c.* 1900. According to Tom Macdonald (1900–1980), a local author: 'The cottages were small. None had back doors. Many had pig cots with bacon hanging from the kitchen ceilings. Even the big houses didn't have baths.'

Milwyr lleol adeg y Rhyfel Byd Cyntaf.
Local soldiers of the First World War.
Rhes flaen/Front row: Tomi Hughes, Alser Lewis. *Yn eistedd*/Seated: –?–, Dei James, Griff Hughes.
Yn sefyll/Standing: –?–, –?–, Danny Williams, John Lewis.

Gwersyll Bow Street, 1910. Daeth cannoedd o filwyr o Swydd Gaer a Swydd Efrog i'r ardal yn 1910–13 i ymarfer.
Bow Street Camp, 1910. Hundreds of soldiers from Cheshire and Yorkshire came to the area in 1910–13 for training purposes.

Milwyr yn cyrraedd gorsaf reilffordd Bow Street.
Soldiers arriving by train at Bow Street station.

Home Guard Bow Street.
Bow Street Home Guard.
Yn eistedd/Seated: Idris Davies, Sandy Jones, D.O. Rees, ? James, Brynteifi. *Yn sefyll*/Standing:
John ?, Bont-goch, Will Davies, Isaac Morgan, Bob Dryburgh, Emrys Williams.

Home Guard Llandre.
Llandre Home Guard.
Rhes gefn/Back row: Hugh Hughes, John Jones, Walter Thomas, Tom Daniells, Idris Wood,
Jim James, Ieuan Evans, Ted Towers, Will Williams. *Rhes flaen*/Front row: David J. Jones, ?
Venables, –?– Glyn Jones, –?–, Gwyn Evans, Cecil Phillips, ? Williams.

Home Guard Bow Street.
Bow Street Home Guard.
Rhes gefn/Back row: Dick Garnet, John Bont-goch, Raymond Roberts, Gwynfryn Pritchard, Alfred Edwards, Ike Morgans, Aeron Hughes, Emrys William. *Rhes ganol*/Middle row: R. Evans, J. Jones, J. Roberts, B. Harrand, A. Morgans, E. Davies, C. Davies, Trefor Lewis, W. Davies, –?–, Clarach, –?–, Bont-goch. *Rhes flaen*/Front row: J. Hughes, G. Thomas, J.M. Edwards, S. Jones, D. Rees, H. Rees, B.R. Davies, C. Rees, I. Davies, H. Davies, Dei Williams, B. Dryburgh.

Lorïau T.J. Hughes.
T.J. Hughes Haulage Company.
Ar y chwith/On the left: T.J. Hughes (Tomi John), Rhoslan. *Ar y dde*/On the right: Wil Roberts, *tad 'Don Shop'*/'Don Shop's father.

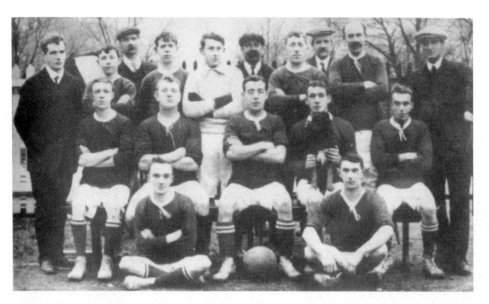

Tîm pêl-droed Bow Street, Y Piod.
Bow Street football team, The Magpies. *Rhes flaen*/Front row: Alswer Lewis, John Emlyn, Tŷ-coch. *Yn eistedd*/Seated: Danny Williams, ? Gladwin, Dei Post, William Defi Williams (*gyda'r ci*/with dog), John Lewis. *Yn sefyll*/Standing: Jack Hughes, Arthur Evans, ? Llangorwen, Dic Jenkins, Tom Magor. *Yn gwiggo cap*/Wearing caps: –?–, Dei Davies, Hughes *y Glo*/ the Coal, Rees (stationmaster).

Tîm pêl-droed Bow Street, 1933/4.
Bow Street football team, 1933/4, *Rhes gefn, chwith i'r dde*/Back row, left to right: Griff Hughes, Eddie Chambers, Emrys Thomas, Ior Jenkins, Alcwyn Magor, Tom Jenkins, Alun Edwards, John James. *Rhes ganol*/Middle row: Tom Magor, Elfed Morgan, Ieuan Williams, Wil Bowyer, Idris Magor, Jack Hughes. *Rhes flaen*/Front row: John Munson Roberts, Rhys Evans, Dewi Edwards.

Adran yr Urdd Pen-y-garn.
The Pen-y-garn branch of the Welsh League of Youth.
Yn eistedd/Seated: Mair Davies, Megan Evans, Nan Davies, Doris Roberts, –?–, Anne Mary Williams, Anna Lewis, Elwyn Lewis, Ceridwen Hughes, Maggie Hughes, Eirlys Hughes, –?–, Elna Roberts. *Rhes gyntaf*/First row: Olwen Jones, Gwyn Evans, John Rees, Meirion Hughes, David H. Jenkins, Aeron Hughes, Gwynfryn Pritchard, Trefor Lewis, Gwynfor Hughes, Wyn Ellis, Hywel Hughes, Doris James, Ceridwen Jones, Ieuan Jenkins, –?–, Tegwen Morgan, Anne Mary Jenkins. *Ail res*/Second row: Tegwen Evans, –?–, –?–, –?–, Eunice Jenkins, Alun Williams, –?–, John R. Roberts, Ifor Ellis, –?–, Dewi Davies, Cassie Hughes, Sally Jenkins, Mary Jane Evans, William Hughes. *Rhes gefn*/Back row: –?–, Eric Carson, Inigo Jones, Elfed Morgan, –?–, –?–, Glyn Ellis, Menna Lloyd, Eluned Morgan, Mair Ellis, Holda Davies, Mair 'Butcher'.

Dewi Morgan (1877–1971), ysgolhaig, beirniad, cyfieithydd, athro Ysgol Sul a phregethwr lleyg. Enillod y gadair yn Eisteddfod Genedlaethol Pwllheli yn 1925 am ei awdl Cantre'r Gwaelod.

Dewi Morgan (1877–1971), scholar, critic, translator, Sunday School teacher and lay preacher. He won the chair at the National Eisteddfod in Pwllheli in 1925 for his ode to Cantre'r Gwaelod.

Cast Y Blodyn Glas, *opereta i blant a berfformiwyd yn yr ardal sawl gwaith tua 1952–3 gan ddisgyblion ysgol Rhydypennau.*
Cast of Blodyn Glas, an operetta for children performed by Rhydpennau primary school pupils *c.* 1952–3. *Rhes flaen*/Front row: Derwyn Herbert, Michael Jones, Wyn Davies, Delyth Herbert, Steffan Hughes, Olwen Evans. *Ail res*/Second row: Gwynfor Jones, Leslie Lewis, Anthony Lewis, Gaenor Roberts, Richard Davies, Rhyd-tir, Beti Francis, Gwyneth Morse, Jane Davies, Rhyd-tir. *Rhes gefn*/Back row: John Morgan, Margaret Stephens, Huw Jones, Theresa Pugh, Mair Jones, Pat Baker, Juliet Williams, Wyn Edwards. *Y tylwyth teg, o'r chwith*/Fairies, clockwise from the left: Eiry Jones, Eleri Wyn Jones, Meinir Hughes, Jane Davies, Kathleen Lewis, Gillian Parry, Sandra Owen, Maria Jones, Caren Fleming, Sandra Joy Baker, Angela Brown. *Yn eistedd*/Seated: Glesni Jones.

Ar y chwith, J.T. Rees (1857–1949), brodor o Gwmgïedd, Ystradgynlais a ymsefydlodd yn Bow Street a chyfrannu'n hael i fywyd cerddorol y fro. Daeth yn adnabyddus fel cyfansoddwr tonau ac anthemau ac arweinydd cymanfaoedd canu a bu'n flaenor a chodwr canu yng Nghapel y Garn. Bu'n athro cerdd rhan amser yn Ysgol Sir Tregaron am flynyddoedd. Gydag ef mae David de Lloyd (1883–1948), Athro Cerdd Coleg Prifysgol Cymru Aberystwyth, 1926–48.
On the left is J.T. Rees (1857–1949), a native of Cwmgïedd, Ystradgynlais, who settled in Bow Street and made a substantial contribution to the musical life of the area. A well known composer of anthems and hymn tunes and conductor of religious singing festivals, he taught music at Tregaron County School for some years. On his right is David de Lloyd (1883–1948), Professor of Music at University College of Wales Aberystwyth, 1926–48.

Byddin y Tir. Adeiladwyd yr hostel yn 1941 ar safle presennol Afallen Deg. Fe'i caewyd yn 1950. Mrs White, y warden, sydd yn eistedd yn y canol.
Women's Land Army. The hostel was built in 1941 on the present site of Afallen Deg. It was closed in 1950. The warden, Mrs White, is in the centre of the photograph.

Cwmni Drama Capel Noddfa (A) Bow Street, a berfformiodd Y Cybydd gan Molière.
Noddfa (I) Chapel Drama Company, Bow Street, who performed *The Miser* by Molière. *Rhes gefn*/Back row: John Edwards, *Colurwr*/Make-up, Baldwin Thomas, Morris Jones, W.A. Jenkins, Enoc Jones, Will Evans, Geraint Edwards, Len Butcher, Harri Breeze, John Adams, Ifan Jones, Dic Jones, John Roberts, Ceredig Edwards, *Llywyfannwr*/Stage manager. *Rhes flaen*/Front row: Rosie Davies, *Parchg*/Revd William Williams, Mary Jones, Mr Jones, Dolau-gwyn, Mrs Thomas, Erwyd, John M. Edwards, Marged Roberts, Ben Davies, Maglona Evans, Marged Jane Roberts.

Bythynnod yn Llanfihangel Genau'r-glyn.
Cottages at Llanfihangel Genau'r-glyn.

Ysgol Rhydypennau tua 1916. Yn dal y plac mae pedwar ffoadur o Wlad Belg.
Rhydypennau primary school *c.* 1916. Holding the plaque are four Belgian refugees. *Ar y chwith*/On the left: Miss A.M. Hughes, Miss Mary Davies. *Ar y dde*/On the right: Mr James davies (*prifathro*/headmaster), Miss Nellie Jones.

Llanfihangel Genau'r-glyn. Does dim un tŷ rhwng Penpompren a Thy'n-parc, na rhwng Llys Berw a Throed-y-bryn.

Llanfihangel Genau'r-glyn. There are no houses between Penpompren and Thy'n-parc, nor between Llys Berw and Throed-y-bryn.

Gorsaf Llandre.

Llandre station.

Sgwâr Tal-y-bont. Yn wynebu'r sgwâr mae'r ddwy dafarn, y Llew Du ar y dde a'r Llew Gwyn ar y chwith.
Tal-y-bont Square. Facing the square are the village's two public houses, the Black Lion on the right and the White Lion on the left.

Pentref Tal-y-bont a fu ar un adeg yn gartref i ddiwydiant gwlân llewyrchus.
Tal-y-bont village, where there was once a thriving woollen industry.

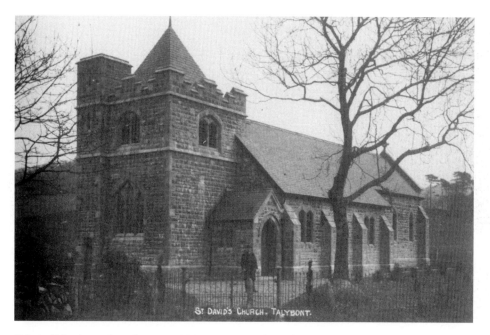

Eglwys Tal-y-bont adeg ei hagor yn 1910. Dyma unig lun y ffotograffydd E.O. Jones (1873–1915) i ymddangos mewn papur newydd – y Welsh Gazette *ar 14 Ebrill 1910.*

Tal-y-bont church on the occasion of its opening in 1910. This is the only photograph taken by the photographer E.O. Jones (1873–1915) to have appeared in a newspaper – the *Welsh Gazette,* 14 April 1910.

Parti Meibion Tal-y-bont, 1888.
Tal-y-bont Male Voice Party, 1888.

Y brif heol trwy Dre Taliesin, gan edrych tua'r de, tua 1900(?).
Main road through Tre Taliesin, *c.* 1900(?)

Y brif heol trwy Taliesin, gan edrych tua'r gogledd, 1900(?). Mae'r plant wedi rhedeg allan i weld y tynnwr lluniau o'r Drenewydd wrth ei waith. Mae'r tai gwyn ar y chwith wedi diflannu ers y 1930au. Trigai Miss Ann Jane Felix yn y cyntaf a Miss Mari Rees yn y tŷ bychan.
The main road through Taliesin looking northwards, 1900(?). The children are curious to see the Newtown photographer at work. The white houses on the left were demolished during the 1930s. Miss Ann Jane Felix lived in the first and Miss Mari Rees in the small cottage.

Taliesin, gan edrych tua'r de.
Taliesin, looking southwards.

Taliesin, gan edrych tua'r gogledd.
Taliesin, looking northwards.

Taliesin tua 1924.
Taliesin *c.* 1924.

Pen-cae, Taliesin tua 1900. Ar y dde gwelir hen dŷ Mari Riley.
Pen-cae, Taliesin *c.* 1900. On the left is Mari Riley's house.

Styd Isa', Taliesin.
Terrace Row, Taliesin.

Taliesin. Capel Rehoboth (MC), a agorwyd yn 1873, sydd yng nghanol y pentref,
Taliesin. Rehoboth (CM) Chapel, opened in 1873, is in the centre of the village.

Y llythyrdy, Taliesin.
Taliesin post office.

John Griffith Stephens (1893–1956). Daith i fyw i Erglodd pan oedd yn blentyn ieuanc, yn fab i Mr a Mrs Stephens a fu'n ffermio Tan-llan. Bu'n gurad yn Llanelli 1919–22, yn gaplan yn yr Awyrlu 1922–8, yn gurad yn New Brighton 1928–9, yn ficer Darlington, 1929–54 ac, adeg ei farw, yn ficer Bossall a Buttercrambe ger Efrog. Chwaraeodd rygbi dros Gymru fel blaenwr bedair gwaith yn nhymor 1922. Enillodd Cymru dair gêm a dod yn gyfartal yn erbyn yr Alban. Honnai John Griffiths Stephens mai ef ac nid William Cummins a sgoriodd y cais yn y gêm yn erbyn Ffrainc!

John Griffith Stephens (1893–1956), son of Mr and Mrs Stephens, late of Tan-llan. He came to live at Erglodd as a young boy. He was curate at Llanelli 1919–22, and later became chaplain in the Air Force 1922–8, curate at New Brighton 1928–9, vicar of Darlington, 1929–54, and, at the time of his death, he was vicar of Bossall and Buttercrambe near York. He played rugby for Wales four times during the 1922 season, when they won three games and drew to Scotland. He claimed that he, and not William Cummins, had scored the try against France!

T.J. Pugh, Taliesin, gŵr busnes lleol.
T.J. Pugh, Taliesin, a prominent local businessman.

Càr plant Taliesin a'r cylch ar eu ffordd i eisteddfod yn Nhywyn, tua 1912.
Taliesin and district children's choir on their way to Towyn eisteddfod *c.* 1912.
Tu blaen/In front: Willie Thomas (*a ymfudodd i Awstralia*/who emigrated to Australia), T.J. Pugh, Thomas Thomas, Neuadd yr Ynys, James Jones (*prifathro*/headmaster), Willie Hughes, John Hugh Edwards.

Ysgol Taliesin tua 1900.
Taliesin School *c.* 1900.

Tre'r-ddôl. Gosodwyd pedwar carreg sylfaen Capel y Methodistiaid (W) ddydd Nadolig 1874.
Tre'r-ddôl. The four foundation stones of the Methodist (W) Chapel were laid on Christmas Day 1874.

Gobeithlu Capel y Methodistiaid (W) Tre'r-ddôl, 1906.
Tre'r-ddôl Methodist (W) Chapel Band of Hope, 1906.

Clocsiwr Tre'r-ddôl.
Clog maker at Tre'r-ddôl.

Carnifal yn Nhre'r-ddôl.
Carnival procession at Tre'r-ddôl.

Aelodau Ysgol Sul y Methodistiaid (W), Tre'r-ddôl ar eu gorymdaith draddodiadol Ddydd Gwener y Groglith.
Tre'r-ddôl Methodist (W) Sunday School members on their annual Good Friday procession.

Mr a Mrs R.J. Griffiths, Dolclettwr a'u trap a phoni, 1937.
Mr and Mrs R.J. Griffiths, Dolclettwr with a pony and trap, 1937.

Dynion yn torri coed yn ystod 1914–18.
Woodcutters during 1914–18.

Staff a disgyblion ysgol breifat Lapley Grange ger Eglwys-fach, 1949.
Staff and pupils of Lapley Grange private school near Eglwys-fach, 1949. *Rhes flaen, o'r chwith i'r dde*/Front row, left to right: William Condry, Mr and Mrs Pridmore *a'r plant*/and children, Mr and Mrs Cross (*prifathro a'i wraig a'r plant*/headmaster, his wife and children), Mrs Lindan. *Ar y dde: Parchg*/Revd William Goodwin.

Ysgol Lapley Grange.
Lapley Grange School.

Pentref Eglwys-fach.
Eglwys-fach village.

Dathlu Dydd yr Ymerodraeth un Nhre'r-ddôl, 1925.
Empire day celebrations at Tre'r-ddôl, 1925.

Yr eglwys, Eglwys-fach. Bu R.S. Thomas, y bardd, yn ficer yma rhwng 1954 a 1967.
The church at Eglwys-fach. R.s. Thomas, the poet, was vicar here between 1954 and 1967.

Y Ficerdy, Eglwys-fach.
The Vicarage, Eglwys-fach.

Neuadd Ynys-hir, Glandyfi, sy'n dyddio o'r ail ganrif ar bymtheg. Galwodd John Ray, y naturiaethwr enwog yma yn 1658 ar ei daith trwy Gymru.

Ynys-hir Hall, Glandyfi, which dates from the seventeenth century. John Ray, the celebrated naturalist, called here on his tour of Wales in 1658.

Gorsaf reilffordd Glandyfi adeg croesawu'r brenin i Aberystwyth yn 1911. Caewyd yr orsaf ar 14 Mehefin 1965.

Glandyfi railway station on the occasion of the royal visit of 1911. The station was closed on 14 June 1965.

5

PENRHYN-COCH, SALEM, TREFEURIG

Penrhyn-coch cyn i'r stadau tai gael eu hadeiladu. Capel Horeb (B) i'w weld ar y dde.
Penrhyn-coch before the building of the housing estates. Horeb (B) Chapel can be seen in the distance.

Cŵn hela Gogerddan tua 1900.
The Gogerddan foxhounds *c.* 1900.

Cŵn hela Gogerddan, 1 Tachwedd 1910.
The Gogerddan foxhounds, 1 November 1910.
O'r chwith i'r dde/Left to right: Jack Morgan, *Y Fonesig*/Lady Pryse, Tim Jones, Alfred Simmes,
Syr/Sir Edward Pryse.

Cŵn hela Gogerddan ar sgwâr y Penrhyn, 1914. Y tu ôl i'r cŵn mae Mrs David James, y Llythyrdy; ar ei phwys, mewn gwisg wen, mar Eirlys Evans a'i chwaer Dilys, Horeb Villa; â'u cefnau yn erbyn y llythyrdy mae Miss Richards, Court Villa, Miss Annie Jones, y Llythyrdy, a Mr Isaac Telfryn Davies, Tŷ-mawr, y teiliwr.

Gogerddan foxhounds on Penrhyn-coch square, 1914. Standing behind the hounds is Mrs David James, the Post Office; beside her, in a white dress, is Eirlys Evans and her sister Dilys, Horeb Villa; with their backs to the post office are Miss Richards, Court Villa, Miss Annie Jones, the Post Office, and Mr Isaac Telfryn Davies, Tŷ-mawr, the tailor.

Cŵn hela Gogerddan o flaen y plas.
Gogerddan foxhounds in front of the mansion.

Y llythyrdy, Penrhyn-coch – tafarn y Farmers' Arms hyd ddechrau'r ganrif bresennol.
The post office, Penrhyn-coch – the Farmers' Arms until the beginning of the present century.

Sgwâr y Penrhyn tua 1900.
Penrhyn-coch square *c.* 1900.

Sgwâr y Penrhyn. Yn y cerbyd mar Mr a Mrs James y llythyrdy. Yn sefyll wrth ben y ceffyl mae Mr William Rowlands, Royal Oak, ac wrth ei ochr Mr William Edwards, Seilo View. Mae Miss Annie Jones yn sefyll wrth ochr y llythyrdy.

Penrhyn-coch square. Mr and Mrs James, the Post Office, are sitting in the cart, Mr William Rowlands, Royal Oak, is standing by the horse's head, with Mr William Edwards, Seilo View, by his side. Miss Annie Jones is standing by the post office.

Edrych i fyny at y sgwâr y Penrhyn o stad presennol Maesyrefail. Mae'r tai yn nhu blaen y llun wedi'u dymchwel.

Looking up towards Penrhyn-coch square from Maesyrefail estate. The houses in the foreground have been demolished.

Yr un olygfa â'r uchod wedi i'r tai ar y dde gael eu dymchwel, tua 1937.

The same view as above after the demolition of the houses on the right hand side, *c.* 1937.

Melin Cwmbwa.
Cwmbwa mill.

Gobeithlu Salem Coedgruffydd (A). Ar y chwith mae'r Parchg Llewelyn Morgan (gweinidog Salem o 1911–27) a'i briod, ac ar y dde mae tri diacon, John Rees, Thomas Jones ac Evan Thomas. Mae Mrs Sal Magor ynghyd â'i brawd yn y llun.
Band of Hope, Salem Coedgruffydd Congregational Chapel. On the left is the Revd Llewelyn Morgan (minister of Salem from 1911–27) and his wife, and on the right are three deacons, John Rees, Thomas Jones and Evan Thomas. Also in the photograph are Mrs Sal Magor and her five sisters and one brother.

Ysgol Trefeurig, Nadolig 1910.
Trefeurig school, Christmas 1910.

Sefydliad y Merched, Trefeurig, 1933.
Trefeurig Women's Institute, 1933.

*Rhes gefn, o'r chwith/*Back row, from the left: Mrs Garnett, Brynmadog, Banc y Darren, Miss E.J. Edwards, Brynawel, Cwmerfyn, Miss Dilys Mason, Glanrafon, Trefeurig, Miss Gwladys Rowlands, Darren Bank, Bank y Darren, Miss Evangaline James, Lefel Gopr, Cwmdarren, Miss Nancy Jones, Siop Cwmsymlog, Miss Katie Mason, Glanrafon, Miss Margaret Mary Morris, Lefel Gopr, Mrs Elizabeth Evans, Banc y Darren, Miss Annie Mary Evans, Tanrallt, trefeurig. *Rhes ganol/*Middle row: Mrs Morris, Lefel Gopr, Miss Margaert Ann Morgan, Fferm y Banc, Banc y Darren, Mrs Gwladys Jones, Bodelwy, Penrhyn-coch, Mrs Elizabeth Mason, Cwmisaf, Trefeurig, Mrs Elizabeth Ann Rowlands, Darren Bank, Mrs Connie Jones, Tŷ'r Ysgol, Trefeurig, Mrs Elizabeth Thomas, Tyngelli, Trefeurig, Mrs Margaret Jane James, Maesmeurig, Trefeurig, Miss Ann Edwards, Brynawel, Cwmerfyn, Miss Megan O. Thomas, Tyngelli, Miss Glenys E. Thomas, Tyngelli. *Rhes flaen/*Front row: Miss Dora Edwards, Fferm Cwmerfyn, Miss Hilda Mason, New Inn, Cwmerfyn, Miss Winifred Garnett, Brynmadog, Miss Eleanor Morgan, Isfryn, Cwmerfyn.

Ysgol Trefeurig 1921, safonau III–VII.
Trefeurig school 1921, standards III–VII.
*Rhes gen, o'r chwith/*Back row, from the left: William David Morgan, Thomas Rowlands, Lewis Morgan, D. Richard Mason, Anne Jane Morgan, Margaret Jones, Dwynwen Richards, Clara Jones, Sali Davies, David Jenkins, Glyn Jenkins, Bryn Davies. *Rhes ganol/*Middle row: Thomas John Lewis, Gwladys Rowlands, Elizabeth Jane Morgan, Elizabeth Mason, Muriel ?, Mary Richards, Elizabeth Davies, Mary Woods, Elizabeth Jane Morgan, Trevor Williams. *Rhes flaen/*Front row: Benjamin Williams, Mary Ellen Pugh, Annie Blodwen Jones, Ceinwen Jones, Leah Anne Morgan, Margaret Mary Williams, Glenys Davies, Molly Morgan, Morgan Jenins, Llewelyn Mason, Richard Garnett, James Mason, William John Lewis, Oswald Jenkins. *Athrawon (ar y chwith)/*Teachers (on the left): Miss Sarah Ellen Jones, Mr John Owen Jones (*prifathro/*headmaster). *Athrawes (ar y dde)/*Teacher (on the right): Miss Eleanor J. Edwards.

Diolchiadau
Acknowledgements

Casglwyd y deunydd ar gyfer y gyfrol hon gan William H. Howells o'r Adran Gwasanaethau Diwilliannol Cyngor Sir Dyfed.
This book was compiled by William H. Howells of Dyfed County Council's Cultural Services Department.

Diolch i'r holl unigolion sydd, dros y blynyddoedd, wedi rhoi fenthyca lluniau i'r Adran a diolch hefyd i'r unigolion a'r sefydliadau a enwir isod sydd wedi'n cynorthwyo trwy roi caniatâd i atgynhyrchu'r lluniau sydd yn eu meddiant:
In addition to thanking the numerous donors who have, over the years, provided photographs for the department's collections, I must acknowledge the assistance of those individuals and organizations who gave permission for the reproduction of photographs in their possession. These include:

Amgueddfa Ceredigion/Ceredigion Museum
Mrs Margaret Evans MBE, *Aberystwyth Ddoe*/Aberystwyth Yesterday
Mrs Gwen Davies, Dolclettwr, Tre'r-ddôl
Mrs Eirlys Owen, Mrs Eunice Fleming and Mrs Maud Phillips, Bow Street

Diolch hefyd i nifer o bobl a fu'n cynorthwyo i enwi unigolion sy'n ymddangos yn y lluniau:
Thanks are also due to a number of people for helping with the captions:

Mrs Edwina Davies, Mrs Eiry Jones, Mr Gareth B. Jones, Mr John Leeding, Miss Mary Lloyd Roberts, Mr Elgar Williams.